Dedicato a Jasmine

Questo è un libro sulla musica e sul canto...

Che si tratti di cantare da solo, in un coro o in una band.

Come gli uccelli, tutti noi abbiamo bisogno di cantare...

Ci sentiamo bene quando ci esprimiamo alzando sempre di più la voce!

Sapevi che la tua voce è unica? Il che significa che nessun altro canta come te?

Quindi, quando canti, canta forte e con orgoglio...

E poi preparati a...

SALTA SALTA E CANTA DA-DO-DO-DO!

Che si tratti di un coro o di una band... le nostre voci si fondono insieme...

Cantare insieme rende il mondo migliore...

Quando apriamo i nostri cuori e cantiamo...

Le nostre voci possono far sorridere tutti.

DA-DO-DO-DO!

Le voci sono di diversi tipi...

Il soprano ha la voce più alta...

Un bassista ha la voce più bassa...

Tutti i tipi di cantanti amano saltare e cantare
DA-DO-DO-DO!

È il momento di prepararsi a cantare... e non essere timido...

Perché la musica è una sorta di magia...

Scegli una canzone che ti piace... che ne dici della musica country?

Oppure l'opera... dove puoi raccontare una storia attraverso la musica e il canto...

DA-DO-DO-DO!

E il Vangelo? Potresti cantare una canzone sulla fede o cantare una preghiera?

DA-DO-DO-DO!

Oppure potresti provare l'A Capella... che consiste nel cantare senza musica...

Sono certo che hai sentito parlare di musica pop...

O forse ti piacerebbe cantare Rock and Roll...

Non importa cosa scegli di cantare, non puoi mai sbagliare...

DA-DO-DO-DO!

Perché presto sarà il momento di saltare, saltare, saltare e cantare DA-DO-DO-DO!

NOI

CANTANDO
DA-DO-DO-DO!

Serie di salti in inglese.

Saltear como caribú!
Salta come un canguro!
Salta nello zoológico!
Salta e dì P.U.!
Salta e di' che è San Valentino!
Anche per i bambini!
Salta e cerca un indizio!
Salta e di' buon compleanno a te!
Salta per tutto ciò che è azzurro!
Salta, salta e di' Buona Pasqua!
Salta e di': "Cazzarola"!
Salta e canta ¡Da-Do-Do-Do!
Salta in piedi e chiedi chi?
Salta e urla come un cacatua!
Salta su e chiedi se sei tu o la
pecora?
Salta in piedi e di' che c'è un
Ewww nel mio stufato!
nel mio stufato!

Salta in piedi e di' che c'è una lepre
nei miei capelli!
i miei capelli!
Salta su e di' che mia zia ha
mangiato
una formica!
Salta su e di' che c'è un oritteropo
nel parco divertimenti!
Salta su e dì Buon Natale a te!
Salta su e gioisci, buon anno a te!
Salta su e di' che c'è un Moo-Moo in
Un tutù!

SERIE DI CLAP:
APPLAUSI PER 1!
Applaudi per 2!
Applaudi per 3!
Applaudire per 4!
Applaudite per il 5!
Applaudiamo per il 6!
Applaudiamo per il 7!
Applaudiamo per l'8!
Un applauso per il 9!
Un applauso per il 10!

Altri libri per bambini :
Le tre rocce
Billy Shakespeare
Billie Shakespeare
Impara a disegnare con la simmetria

Saggistica
103 idee di raccolta fondi per genitori
volontari con scuole e squadre